JULIA ENGELMANN
Jetzt, Baby

Buch

Seit ihr Slam »One Day« ein sensationeller Internet-Erfolg wurde, fängt Julia Engelmann wie keine andere das Lebensgefühl einer ganzen Generation ein. Ob auf der Bühne performt oder auf Papier gedruckt – ihre Texte sind mitreißend, ehrlich und berührend. Auch ihr drittes Buch ist eine stimmungsvolle Playlist neuer poetischer Texte. Mit ihrem einzigartigen Sound und ihrer besonderen Sprache schreibt Julia Engelmann über die lauten und leisen Momente im Leben. Mal fängt sie mit einfühlsamen und nachdenklich stimmenden Worten Themen wie Kummer, Abschied und Ängste ein, zum Beispiel, wie es sich anfühlt, nachts wach zu liegen und plötzlich von der Quarterlife-Crisis erwischt zu werden. Dann wieder slamt sie voller Lebensfreude über Liebe, Familie, Freundschaft und darüber, wie wir unser Glück in die Hand nehmen können. Ihre Texte machen Mut, Träume zu verwirklichen, herauszufinden, wer wir sein wollen, und uns dabei selbst treu zu bleiben: »Wir entscheiden über uns und ob wir auf was verzichten, entscheiden, was uns wichtig ist und wem wir uns verpflichten. Baby, das hier ist für uns, unsere eigene Geschichte!«

Weitere Informationen zu Julia Engelmann
sowie zu lieferbaren Titeln der Autorin
finden Sie am Ende des Buches.

Julia Engelmann
Jetzt, Baby

Neue Poetry-Slam-Texte

Mit Illustrationen der Autorin

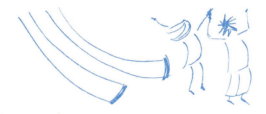

GOLDMANN

Der Verlag weist ausdrücklich darauf hin, dass im Text
enthaltene externe Links vom Verlag nur bis zum Zeitpunkt
der Buchveröffentlichung eingesehen werden konnten.
Auf spätere Veränderungen hat der Verlag keinerlei Einfluss.
Eine Haftung des Verlags ist daher stets ausgeschlossen.

Dieses Buch ist auch als E-Book erhältlich.

Verlagsgruppe Random House FSC® N001967

2. Auflage
Originalausgabe Oktober 2016
Copyright © 2016 by Wilhelm Goldmann Verlag, München,
in der Verlagsgruppe Random House GmbH,
Neumarkter Str. 28, 81673 München
Umschlaggestaltung: UNO Werbeagentur, München
Umschlagmotiv: FinePic®, München;
Illustrationen: Julia Engelmann
Autorenfoto: © Marta Urbanelis
KS · Herstellung: Str.
Druck und Bindung: CPI books GmbH, Leck
Printed in Germany
ISBN: 978-3-442-48568-0
www.goldmann-verlag.de

Besuchen Sie den Goldmann Verlag im Netz

OUVERTÜRE

INTRO

Ich lebe in den Tag hinein,
    und mittags werde ich wach.
Nach dem Frühstück ist es wichtig,
    dass man eine Pause macht.
Es dämmert vor den Fenstern –
    was, oh Gott, es ist schon acht?
Ach, könnt ich noch mal leben,
    ich wär früher aufgewacht.

LIEGST DU NIEMALS NACHTS WACH?

Liegst du niemals nachts wach,
vom Angstschweiß ganz nass,
und fragst dich,
    was du da eigentlich machst?
Und wofür überhaupt?
Warum gibst du nicht auf?

Liegst du niemals nachts wach
und resümierst noch den Tag
und fragst dich,
    wie das die anderen machen?
Und wer die anderen sind?
Wo führt alles hin?

Liegst du niemals nachts wach,
hast dein Smartphone ganz nah
und fragst dich,
    was du wohl alles verpasst?
Und ob du morgen noch weißt,
was du jetzt gerade likst?

Liegst du niemals nachts wach
und starrst an die Wand
und fragst dich:
    »Warum hab ich all das gesagt?«
und »Warum ist das passiert?«
und schämst dich dafür?

Liegst du niemals nachts wach,
dein Herz schlägt so krass,
und fragst dich:
    »Okay, wenn ich jetzt sofort schlaf,
sind drei Stunden genug?
Und was soll ich sonst tun?«

Liegst du niemals nachts wach,
bis du über dich lachst,
weil du raffst, dass du das,
    was du immer gern machst,
gar nicht immer auch tust,
und dann fühlst du den Mut?

Liegst du niemals nachts wach,
bis du Vorsätze fasst,
und sagst dir,
    dass du ab morgen aufpasst,
nie mehr Zeit zu verschwenden,
um dann doch zu verpennen?

Liegst du niemals nachts wach,
und dann enden die Fragen,
und dir wird alles klar,
   wieso alles so war,
und wieso alles so ist,
nur, dass du's später vergisst?

Nein?
Machst du nie?
Mach nur ich?
Dann bist du nicht normal –
   oder ich bin's nicht.

Denn ich liege wach,
   es ist vier Uhr acht,
die letzten fünf Stunden
   haben gar nichts gebracht.
Nur Wälzen im Laken,
   knurrenden Magen,
drastische Fragen
   und wachsende Panik.
Davor, dass ich echt einfach so da bin.

Heute, 04:08
WHY???

Ich hab mein Smartphone umklammert
   wie die Hand eines Partners.
Doch da ist niemand anders,
   ich hab nicht mal 'nen Hamster.
Der nächstgelegene Mensch
   ist mein oberer Nachbar.

Egal.
Ich öffne Instagram,
   entdecke fremdes Frühstück.
Bei allen liegen Blumen auf dem Bett
   und loses Müsli.
Und alle sind so schön, so wild,
   verliebt und ach so glücklich.
Alle tragen bauchfrei
   in Paris und sind so tüchtig.
Und ich, ich will nicht schlafen.
Denn das Leben ist zu flüchtig,
   um auf Dinge zu warten,
um Pyjamas zu tragen,
   und für REM-Phasen.
Oh man, bin ich liebesbedürftig.

Egal.
Ich öffne Whatsapp und Facebook
   und schreib jetzt jedem, echt jedem:
Bekannten, Freunden, Kollegen.
Denn ich habe zu viel zu geben,
   um alleine zu leben.
Ich verstreu meine Nähe
   auf neun Onlinegespräche,
denn je mehr, desto schneller
   kriege ich was zu lesen,
kriege ich was zu lieben.
Update: Mir hat noch keiner geschrieben!
Nur der eine (aber das war nicht der, den ich meinte).
Und der andere (aber das ist nur der flüchtige Bekannte).
Und noch André (aber der schreibt mir immer zu lange).

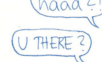

Und du?
Liegst du niemals im Bett
und willst einfach nur weg und rechnest,
    wie lang du zum Ende der Welt,
jetzt von hier aus, wohl brauchst,
und willst nur aus dir raus?

Im Spiegel starr ich mich an,
    halte Augenkontakt und frage mich:
»Komisch, bin ich wirklich *das*?«
Mein Kopf ist heute Nacht
    echt kein sicherer Ort.
Ich will träumen, sofort.
Ich sagte: Träumen, SOFORT!

Heute, 04:12
(HOW?!)

Es ist jetzt vier Uhr neunzehn,
    und gleich beginnt der Tag.
Ich ess noch schnell ein Müsli,
    und dann leg ich mich schlafen.

Heute, 04:19
(⏻ SCHLAFEN)

VORBELASTET

»Ich weiß nicht, was soll es bedeuten«,
wenn ein Mops am Obststand kotzt,
schillernd mächtig Glocken läuten,
einer Klops isst, und es klopft,
mit Schwalle – »walle!« – Wasser fließt,
und dann auch noch der Mond aufgeht,
ein blaues Band durch die Lüfte fliegt,
ein Panther sich im Kreise dreht,
und einer sich ein Wölkchen zupft,
ein weiterer über Stufen geht,
die Nachtigall die Lerche ruft,
und im Wind ein Grashalm weht,
wenn einer reitet, spät, durch Wind,
ein anderer die Faust dann ballt,
wenn's hell und trotzdem dunkel ist,
ein Schnupfen sich ein Opfer krallt,
wenn einer mit dem Dolche spricht,
wenn alles das ist, »was es ist«.
Wie soll ich dann die Welt betrachten?
Ich glaube, ich bin vorbelastet.

FIKTIVE ROMANZE

Ich hab gerade noch gedacht:
　»Guck mal an, wie frei ich bin!«
Allen Kummer abgehakt,
　lief ich friedlich vor mich hin.

So brauchte ich nur mich zum Leben,
　ich war wirklich eins mit mir.
Und dann beim Nachhausegehen
　stand ich unverhofft vor dir.

Ich hatte schon fast vergessen,
　dass du immer noch hier lebst.
Kann ja keiner damit rechnen,
　dass du plötzlich vor mir stehst!

Vorhin war ich zen und klar,
　vorhin ging's mir wirklich gut.
Zack, schon ist er wieder da,
　dieser Sturm in meiner Brust.

Guck mal, wie du mich beschäftigst.
Du denkst, wir haben kurz gequatscht?
Falsch! Du hast dabei ganz lässig
　meine Ruhe kaputt gemacht.

Gerade hab ich mich noch gelikt,
    jetzt seh ich idiotisch aus.
Aber du hingegen wirkst so frei,
    du gehst viel mehr aus dir raus.

Oh, das macht den Fall nicht leichter,
    dass du Was-ich-nicht-hab hast.
Das erst macht sie für mich greifbar,
    deine *Herz*anziehungskraft.

Wow, okay, das hier ist der wahre Tiefpunkt
    in meiner Gedankenwelt.
Ich habe das Wort *Herz* benutzt,
    was mir aktiv nicht gefällt.

Ich hatte silvesternachts den Plan gefasst,
    dem Leben ins Gesicht zu sehen,
Chancen ganz spontan zu greifen,
    durch Gefühle durchzugehen.

Jetzt weiß ich es: Ich kann das nicht,
    ich bin nicht mehr Herr der Lage.
Plötzlich bin ich voller Kitsch
    und Worte, die ich sonst nicht sage.

Denn ich sage sonst nie »ach«,
    und auch »oh« benutz ich wenig.
Was hast du mit mir gemacht?
Das ist alles wirklich dämlich.

Ach, hätte ich's vorhin gewusst,
oh, ich sag es dir ganz offen
   für die Ruh in meiner Brust:
Ich hätt dich lieber nicht getroffen.

Ich bin viel zu schnell verwirrt,
   lieber wäre ich gefasst.
Doch wenn sich mein *Herz* verirrt,
   bin ich immer überrascht.

Da! Da war's schon wieder: *Herz*!
Der Untergang des Abendlands.
Jetzt fehlt nur noch eines: Schmerz!
Da! Hab ich das laut gedacht?

Es ist nicht vieles, was ich wirklich brauche,
   ein Lächeln und ein »Na, wie geht's?«.
Schon kann ich in deinen Augen
   unser beider Zukunft sehen.

Meinst du, ich bin anspruchslos?
Oder bin ich optimistisch?
Sind das kleine Dinge bloß?
Nehm ich alles viel zu wichtig?

Du hast so schön dagestanden,
   hast mich so schön angeguckt,
und jetzt lodern auch noch Flammen
   in dem Sturm in meiner Brust.

Und in meiner Fantasie
  sind wir so ein schönes Paar.
Das zwischen uns, das ist Magie,
  jetzt musst nur noch du's erfahren.

Liebe soll man nicht begehren,
  dann erst – endlich – kriegt man sie.
Nicht begehren begehr ich sehr,
  oh, sei's drum, so liebe ich wohl nie.

Warum fühlt sich das so schwach an,
  allein, auf der Suche sein?
So viele gibt es, die das machen,
  und was ist so schlimm dabei?

Gott, ich sollte wirklich aufhören,
  random zu mir selbst zu talken.
Doch wohin denn sonst mit mir?
Soll ich durch deine Timeline walken?

Dass du wenige Fotos postest,
  hab ich neulich schon geprüft.
Oh Gott, hab ich das laut gesagt?
Nur gedacht – na, so ein Glück!

Und die Arctic Monkeys singen:
  »Ich will einfach deine sein«.
Ich will in dem Lied verschwinden,
  atme jede Zeile ein.

Vielleicht bin ich auch »nur ein Mädchen …«
 ach, ich weiß es nicht genau …
»das vor einem Jungen steht …«
Wobei, vielleicht auch eine Frau?

Da gehen die Probleme weiter,
 alles ist so kompliziert.
Vorhin war ich noch so heiter,
 wie ist das so schnell passiert?

Guck, ich brauch auch kein »für immer«,
 mir reicht auch ein kleiner Kuss.
Vielleicht würde ihn das lindern,
 diesen Sturm in meiner Brust.

HÖHENANGST

Ich hab Sonne, ich kann wachsen,
    nur dann wird mein Topf zu klein.
Ich hab Zeit, ich kann sie nutzen,
    bloß geht sie ja doch vorbei.

Ich hab Gefühle, ich kann lieben,
    aber das erfordert Mut.
Ich hab Wein, ich kann ihn trinken,
    nur mir geht's danach nicht gut.

Ich hab Kraft, ich kann recht stark sein,
    doch ich spare sie mir auf.
Ich hab Freunde, ich kann da sein,
    nur die Arbeit wartet auch.

Ich hab Beine, ich kann rausgehen,
 ohne Grund mach ich das nie.
Ich hab mich, und ich kann leben,
 ich weiß nur nicht richtig, wie.

Ich hab Kiemen, ich kann schwimmen,
 nur werd ich nicht so gerne nass.
Ich hab Flügel, ich kann fliegen,
 habe aber Höhenangst.

Ich weiß, dass das idiotisch ist,
 deshalb schreibe ich es auf,
damit ich's endlich selbst begreife,
 sonst lerne ich ja nie daraus.

GRAPEFRUIT

Über dir hängt Schwermut an der Wand
   wie eine sehr alte Girlande,
mit einem Meer aus Elefanten
   und Betonluftballons dran,
die geformt sind wie Monster.

Wie andere Edelparfüm
   trägst du 'nen düsteren Blick, so düster –
Lana Del Rey wär sicher neidisch auf dich.
Du sagst, dass das dein Schicksal ist,
   dass du ab jetzt für immer traurig bist.
Doch, sorry, daran glaub ich nicht.

Denn, weißt du, Dinge werden wahr,
   wenn man sie oft genug sagt,
wenn man sie oft genug ...
   heute wird ein schöner ...

Und, weißt du, Dinge werden wahr,
  wenn man sie oft genug sagt,
wenn man sie oft genug ...
  heute wird ein schöner Tag.

Siehst du, ich versteh dich,
  das ist erst mal nur 'ne These.
Doch ich glaube, ich versteh dich,
  denn es ging mir schon mal ähnlich wie dir.
Vielleicht weiß ich auch zu wenig über dich –
doch dein trauriges Gesicht,
  das erinnert mich an mich.

Komm, wir machen mal das Fenster auf
  und Coldplay ganz laut,
lassen frischen Wind herein
  und alle alten Sorgen heraus.
Auch wenn du jetzt nicht dran glaubst,
  wirst du trotzdem glücklich,
und heute gibt es Grapefruit zum Frühstück.

Weißt du, letztes Jahr,
  in etwa in genau dem gleichen Zeitfenster wie jetzt,
hab ich mit stumpfen Schwertern
  innere Gespenster bekämpft,
lag jeden Tag nur im Bett
  und hab mir Fragen gestellt, wie zum Beispiel:
Was ist bloß mein Plan auf der Welt?

Aber all das Kopfzerbrechen,
die gefährlichen Gefechte
   und Duelle gegen mich
zehrten sehr an meinen Kräften,
bis ich mir mit weißen Flaggen nachts
   den Frieden angeboten hab,
weil ich, auch wenn ich gewinne,
     doch am Ende bloß verloren hab.

Ich wollte immer wie die anderen sein –
nur dass das absolut nichts bringt
   und dass das absolut nicht geht,
weil es die anderen ja schon gibt.
Der Tag, an dem das klar war,
   war für mich der erste Neubeginn.
Heute kann ich sagen,
    dass ich meine beste Freundin bin.

Und all die schönen Dinge auf der Welt,
   das kann kein Zufall sein.
Da hat es Mutter Erde mit uns
   Menschen ganz schön gut gemeint.
Die Zeit vergeht zu schnell,
   um den Gedankenmonstern zu verfallen,
und was du denkst – ganz generell –,
   ja, das entscheidest immer du allein.

Guck mal:
Umarmungen und Blumen
   und im Sommerregen duschen,

schwimmen, atmen, lesen, schlafen,
   Freunde und Momentaufnahmen,
lieben, lachen, kochen, tanzen,
   Weihnachten, wie nice das ist,
und dann noch begreifen,
   dass du deine eigene Heimat bist,
und dann noch singen und wir beide
   bis zum Morgen in der Küche
und Coldplay und vor allem:
   Grapefruit zum Frühstück!

Eins noch: Mit 'nem Beinbruch
   gehst du auch zum Orthopäden,
deshalb kannst du ja vielleicht
   mal mit 'nem Psychologen reden.
Deshalb bist du nicht verrückt,
   also auch nicht mehr als ich.
Nimm deine »Summertime Sadness« ab
   und zeig mir dein Gesicht.

Ich will dir noch vieles sagen,
wie zum Beispiel: Du musst Phasen
   so wie gerade nicht ertragen,
nicht mal heimlich.
Und hör nicht auf die Zweifel,
   denn du bist nicht alleine hier.
Alles geht immer weiter –
   immer weiter so wie wir.

Denn weißt du, Dinge werden wahr,
  wenn man sie oft genug sagt,
wenn man sie oft genug ...
  heute wird ein schöner ...
Und weißt du, Dinge werden wahr,
  wenn man sie oft genug sagt,
wenn man sie oft genug ...
  heute ist ein schöner Tag.

Komm, wir machen mal das Fenster auf
  und Coldplay ganz laut,
lassen frischen Wind herein
  und alle alten Sorgen heraus.
Wenn du fest daran glaubst,
  wirst du wieder glücklich,
und heute gibt es Grapefruit zum Frühstück.

ERWACHSENSEIN
FEAT. QUARTERLIFE-CRISIS
anlässlich meines siebenjährigen Ich-geh-nicht-mehr-zur-Schule-Jubiläums. SIEBEN?! WHAT THE F*???**

Ihr fragt nicht, was ich werden will,
   ihr fragt mich, was ich bin.
Wenn ich das nur wüsste!
Vielleicht alles? Nur kein Kind.

Ihr wolltet meine Fantasie,
   und mir fiel das Träumen schwer.
Und jetzt wollt ihr meine Wahrheit,
   das erschreckt mich noch viel mehr.

Was ich bin?

Ich bin:
mal bei mir, mal zerrissen,
   anders und älter, als ich dachte.
Ich bin nicht immer sicher,
   ob ich, was ich will, auch schaffe.

Wenn mich jemand siezt,
   will ich immer ganz laut lachen.
Denkt der etwa, ich bin groß?
Das ist kompletter Schwachsinn.

Ich fühl mich manchmal fünfzig,
dann wieder zwölf bis achtzehn.
Im Schnitt bin ich vermutlich
also wirklich Mitte zwanzig.

Ich würde gern und kann nicht
immer alles richtig machen.
Summa summarum bin ich
allerhöchstens relativ erwachsen …

… genug für einen Rückblick
und die Frage: Bin ich glücklich?
Was will, wer bin ich wirklich?
Was ist alles für mich möglich?

Ich gebe zu, ich hab mir das anders vorgestellt.
Ich dachte, es gibt einen großen magischen Moment,
in dem ich erwachsen werde, wenn ich …

… ohne Hilfe Fahrrad fahr,
vorm Schlafengehen malen darf,
mich in dunkle Keller traue,
meine Eltern nicht mehr brauche,
endlich laut vor anderen rede,
im Supermarkt die Theke sehe,
in die Siebte, in die Neunte,
aus der Schule, an die Uni gehe,
alleine in den Urlaub fahre,
rote Lippen, hohe Schuhe trage.
mich keiner nach dem Ausweis fragt,
ich endlich Wein zu Käse mag,

Wohnung, Partner, Spülmaschine,
   Trenchcoat, Job und Konto hab.
Und wenn niemand mehr sagt:
»Dafür bist du zu klein.«
Wenn ich öfter sage:
»Ich mach das allein.«

Doch was ich auch erreiche,
   ich hör nicht auf zu zweifeln.
Gar nichts scheint sie zu heilen,
   meine Quarterlife-Crisis.

Ich gebe zu, ich bin verunsichert,
weil alle anderen all das zu sein scheinen,
was ich gerne wäre, aber nicht bin ...

Ich hab nur kurz runtergeguckt,
   meine Schnürsenkel gebunden.
In dieser einen Sekunde haben
   sich alle um mich herum gefunden.

Plötzlich feiern alle Hochzeit,
   ziehen zusammen, kriegen Kinder.
Und ich schlaf mit meinem Laptop,
   kann nicht flirten, kann nicht tindern.

Alle machen ihren Master,
   wirken plötzlich so gesettelt.
Ich konnte währenddessen
   zu 'nem Mittelscheitel wechseln!

Ich habe genau dieselben Krisen,
    die mich mit vierzehn genervt haben.
Ich frage mich gerade ernsthaft,
    ob ich gar nichts gelernt habe.

Ich arbeite schon lange,
    doch es fühlt sich nicht so an.
Ich bin immer noch dabei,
    meine Zukunft durchzuplanen.

Langsam hebt sich der Verdacht,
    dass das für immer so bleibt,
dass ich mich frage, was mal wird,
    bis an das Ende meiner Zeit.

Vielleicht bin ich ja auch glücksimmun?
Was, wenn ich das gar nicht kann?
Wenn ich nicht ankomme und finde,
    wofür eigne ich mich dann?

Jeden Tag erstelle ich Listen,
    es gibt so vieles, was ich müsste.
Sosehr ich das Gefühl vermisse:
    Ich bin auch nicht mehr die Jüngste.

Ich fühle mich so allein damit,
    dass ich nicht weiß, wie man lebt,
doch immer wieder stell ich fest,
    dass es auch anderen so geht.

Ich bin nicht sicher, was mich mehr verwirrt:
die Vorstellung, dass alle es wissen außer mir,
oder die Vorstellung, dass niemand es weiß?
Da beißt sich die Katze in den Schwanz!
Alle denken, sie müssten alles wissen,
und deshalb tut jeder so als ob,
und dann sieht jeder nur andere,
die scheinbar alles wissen.
Deshalb sage ich das jetzt laut:
Ich weiß nicht, wie man lebt.

Aber das macht nichts.
Weil Leben keine gerade Linie ist
und auch nie so gedacht war.
Und weil ich stolz auf alles bin,
was ich bisher schon geschafft hab.

Vielleicht bin ich längst erwachsen, wenn ...

... die Krisenphasendauer sinkt,
   die Selbstwirksamkeit ansteigt,
ich dazu stehe, wie ich bin,
   an Lösungswegen dranbleib,
ich geliebt werde und liebe,
   Neugier hab und Ziele,
Verantwortung allein trage,
   Kummer durchgestanden habe,
wenn ich unabhängig bin
   oder wenigstens ein bisschen,
wenn ich sie selber schreibe,
   meine eigene Geschichte,
wenn ich loslasse zu denken,
   dass ich irgendwie perfekt bin,
und wenn ich trotzdem proaktiv,
   optimistisch und im Jetzt bin.

Ist das nicht merkwürdig?

Es gibt Dinge, die ändern sich nie,
   egal, wie sehr ich danach strebe,
und Dinge, die längst anders sind,
   während ich das übersehe.

Ich wachse aus meinen alten Träumen raus,
   das fällt mir manchmal schwer.
Dafür mag ich meine Wahrheit:
   Vielleicht brauche ich sie nicht mehr.

ERWACHSENSEIN

Ich hab mich lange nicht getraut,
    laut zu sagen, was ich bin:
manchmal glücklich, Mitte zwanzig,
    ziemlich vieles, nur kein Kind.

Ich bin zwar noch wie früher,
    nur mach ich jetzt andere Sachen.
Und vielleicht macht mich das alles
    sogar relativ erwachsen.

SO WAS WIE MAGIE

Alles ist so schön wie nie,
    ich bin in diese Welt verliebt.
Und in der Luft, die mich umgibt,
    da liegt doch so was wie Magie.

Nachts zum Kölner Dom gehen,
    wie gebannt davorstehen,
unter Blätterdächern laufen
    und dabei nach oben schauen.
Unser erstes Gespräch,
    das acht Stunden lang geht,
auf Anhieb bemerken,
    dass man sich gut versteht.
Begegnungen im Bus,
    fremder Augen Blickkontakt,
der allererste Kuss,
    diese legendäre Tapas-Nacht.
Ohne sich zu kennen,
    SMSen mit Fremden,
ein freundliches Lächeln,
    wenn man nicht damit rechnet.
Auf viel zu kleinen Hochbetten
    Flammkuchen essen,
nach viel zu langer Pause beste
    Freunde wiedertreffen.

Rudern, ohne zu kentern,
    im November gutes Wetter,
auf hohe Berge klettern,
    Wunderkerzen an Silvester.
Dass in so kleine Gehirne
    so große Sachen reinpassen,
sich auf neue Momente
    und auf neue Menschen einlassen.
Nach dem Tauchen tief einatmen,
    der Tannenbaum an Weihnachten,
und vor allem rotes Kerzenwachs auf Weinflaschen.
Wenn man lange schwimmt
    und danach wieder Land sieht,
wie du mich anziehst,
    wenn du mich ansiehst.
Sich weiterentwickeln,
    wenn man an neuen Orten ist,
alleine im Museum,
    weil es Mittwochmorgen ist.
Über alles reden,
    auskommen mit wenig,
Supermarktfrühstück
    auf den Treppen von Venedig.
Xylofonmusik,
    alles im Flow machen,
nach langem Festhalten
    endlich mal loslassen.
Die Flügelspannweite
    eines echten Pelikans,
der Anfang vom Morgen
    und das Ende von *Demian*.

Ewiger Abschied
    im Schein der Laterne,
und dann noch der Klassiker:
    Sonne, Mond und Sterne.
Fantasie, Sinfonien,
    ab und zu Melancholie,
die Melodie von Amélie,
    das Gefühl von Poesie.
Es liegt da ein Geheimnis
    in der Luft, die mich umgibt.
Ich habe keine Zweifel,
    das ist so was wie Magie.

FÜR MEINE GROSSELTERN

Draußen minnesingt der Hahn
    Vorschusshymnen auf den Tag,
ruft mich aus dem Schlaf
    zu euch zum Frühstück in den Garten.
Der Wolkenvorhang ist
    ein Panoramahologramm,
eine Firmamentcollage
    aus hellen aquarellenen Farben.

Die Autofahrt zum Markt
    ist ein rauschender Bach
aus Mandelbaumplantagen,
    Mimosen, Yachten, farbigen Fassaden,
Orangen und Zypressen.
Es zwinkert ein Fenster
    und schenkt mir ein warmes Lächeln.
Dann Erdbeeren und Pesto,
    Moscatel und Espresso,
und nach der Siesta
    sitzen wir im Schatten
auf der steinernen Terrasse
    zusammen vor der Finca,
genießen den Ausblick
    auf schimmernde Dächer,

abuelos y nieta,
    vertraute Gesichter.
Ich mische Karten,
    dann spielen wir Canasta,
und unten am Strand
    spielt der Wind mit dem Wasser.

Ich denke in der Stille,
    als die Dämmerung einzieht:
Ihr seid die Idylle,
    und ich bin, was mich umgibt,
ein weiter freier Himmel,
    ein leichtes Kinderlied,
eine heitere Bougainville,
    liebend und geliebt.

FÜR MEINEN BRUDER

Ich wollte an was Schönes denken
    und konnte nicht, die ganze Nacht.
Mir ist nur Schweres eingefallen,
    so vieles, was mir Sorgen macht.
Hab lange nicht mehr losgelassen,
    lange nicht mehr laut gelacht.
So wollt ich mich ergeben –
    und dann hab ich an dich gedacht.

Am Rande einer Felsenklippe,
wo der blassgewellte Himmel
    aus allen weitgereisten
    perlmuttgrauen Federwolken fällt,
liegt, weich eingerahmt von Weizen-
    flächen, Wiesen, Bäumen, Bächen,
fast wie von van Gogh bestellt,
    ein bernsteingelbes Roggenfeld.

Hier zirpen Grillen,
und Libellen chillen
    auf Kamillenblütenwippen,
wirbeln unsere wilden Schritte
    um die kornbestickte Mitte.

Schilf, Riffe, Wind, Schiffe
  und des Meeres laute Stimme
singen mit der Küste
  eine Hymne auf die Stille.

Hier spielen wir beide,
  seit wir klein sind,
in der Weite, du und ich,
  ganz alleine, seit wir klein sind,
in der Freiheit, du und ich.
Und wann immer etwas ist,
  bist du hier, wenn ich dich brauch.
Manchmal spielen wir Fangen,
  wenn ich falle, fängst du mich auf.

An irgendeinem Vormittag
   in irgendeiner Woche –
ich trag dich gerade huckepack,
   wir albern durch den Roggen –
steht in der Mitte auf dem Feld
   und dreht sich unerschrocken
   ein holzgeschnitztes Karussell.
Es wirkt fast wie ein Zirkuszelt,
   die Lichterketten leuchten hell,
es spielen leise Glocken.

Ein Karussell wie aus dem Bilderbuch
   mit rot-weißen Markisen,
verziert mit Ornamenten,
   Bildern, Glühbirnen und Spiegeln.
In der Luft der Duft von Zuckerwatte
   und gebrannten Mandeln,
und ein Affe mit Krawatte
   musiziert am Leierkasten.
Wir steigen auf die Sättel bunter
   Zootiere aus Plastik.
Du hältst die Mähne eines Löwen,
   ich den Hals einer Giraffe.

Wir verlieren uns eine Weile
   ohne Eile, du und ich,
treiben von alleine
   immer weiter, du und ich.
Vielleicht, denke ich leise,
   könnten wir noch länger bleiben,
als uns Lichtschweife wie
   Hula-Hoop-Reifen umkreisen.

Da betrachte ich dich,
   wie du neben mir sitzt.
Schatten kaspern Faxen
   machend über dein Gesicht.
Ich hab dich so lieb,
   manchmal lieber als mich.
Ich frag mich, ob du weißt,
   was du alles für mich bist.

An einem anderen Vormittag
   in einer anderen Woche
   passiert etwas sehr Seltsames.
Wir haben das nie besprochen.
Da trete ich einfach so
   aus dem Roggen heraus
und verdächtig nah
   an den Abgrund heran,
steh mit den Füßen im Sand
   am mystischen Rand,
sehe auf das tobende Wasser hinab.
Salziger Sturm umpfeift meine Nase.
Bevor das Dunkel mich einnimmt,
   höre ich dich sagen:
»Du musst nicht in jeden Abgrund springen,
   um Tiefgang zu haben.«

Wir kehren zusammen
   zum Roggen zurück.
Still spielen wir weiter,
   als wenn gar nichts ist.
Ich hab dich so lieb,
   manchmal lieber als mich.
Weißt du eigentlich,
   was du alles für mich bist?

Du bist diese Sache,
   die auch hell ist, wenn ich dunkel bin.
Du bist der Gedanke,
   der in der Kälte mich zum Schmunzeln bringt.
Du bist der Strauß aus Luftballons,
   der mein Haus nach oben zieht.
Du bist der Parabelflug,
   der gegen meine Schwerkraft siegt.

Und ich, ich will dein Vorbild sein
   und will dich gern beschützen.
Ich könnte sicher leichter sein,
   doch eines sollst du wissen:
Wann immer etwas ist,
   ich bin hier, wenn du mich brauchst.
Ich komm zu dir und mit dir mit,
   und wenn du fällst, fang ich dich auf.

Wenn ich weggehen will,
   kann ich es nicht wegen dir.
Wenn ich alles schlecht sehen will,
   kann ich es nicht wegen dir,
Du bist meine Hoffnung,
   und mit dir kann ich nie einsam sein.
Du bist mein »Fänger im Roggen«,
   und ich will gerne deiner sein.

LUNA

Im Dunkelblau der weiße Nebel flüstert,
    es ist Mitternacht,
rahmt dich, bleich im Kosmos schwebend,
    ein, du runder schöner Schwan.
Gleißend deine klare Seele,
    warst mir, Wunder, nie so nah.
Ich brauch nur den Arm zu heben,
    dass ich dich berühren kann.

Ich als Wolf, ich würde schleichend,
    während andere von dir träumen,
auf den höchsten Felsen steigen
    und im Chor mit Schleiereulen,
dich mit blasser Tatze streifend,
    eine Weile bei dir bleibend,
über Berge, Tannenbäume
    flammend in die Ferne heulen.

Ich als Mädchen sitz allein
    im Schlafanzug am Fenstersims,
erfüllt, gebannt von deinem Schein,
    wie traurig und wie schön du bist.
So würd ich auch das Leben deuten,
    weil alles doch so flüchtig ist.
Und wie auch die Wölfe heulen,
    sieh mich an, so weine ich.

Weißt du, was komisch ist?
Je mehr ich lebe,
   desto mehr will ich leben
   und desto weniger bleibt mir.
Und so weine ich nicht,
   weil ich traurig bin.

Ich weine, weil ich weiß,
dass ich alleine kam
   und auch alleine gehen muss,
weil alles das, was vor mir liegt,
   vergehen wird, vergehen *muss*.

Weil ich voller Visionen bin
   und Liebe und Ideen
und nicht weiß, ob ich es schaffe,
   sie zu leben in diesem Leben.

Weil ich zu einer Zeit nur jeweils
   einen Weg bestreiten kann,
weil mich keiner und ich keinen
   in seinem Kopf begleiten kann.

Und weil ich zu skeptisch bin
   und mich zu oft frage,
ob ich alle Wunder wert bin,
    die da draußen auf mich warten.

Und weil ich viel zu selten barfuß
   mit geschlossenen Augen tanz,
weil ich immer nur so mutig bin
   wie meine allergrößte Angst.

Und weil ich zu viel Zeit
   auf mein Aussehen verwende,
obwohl das an der Welt
   und meinem Leben gar nichts ändert,

Und weil mir gerade klar wird,
   dass alles ist, was ich daraus mache,
und schön ist nicht, wie wir scheinen,
   nur wie wir die Welt betrachten.

Und je mehr ich lebe,
   desto mehr will ich leben
   und desto weniger bleibt mir.
Und so weine ich nicht,
   weil ich traurig bin.

Sondern, weil ich nie mehr schlafen will
    und viel zu gerne wach bin
und weil ich nie wieder jammern will,
    das ist kompletter Schwachsinn.

Und weil ich zu selten über Schatten
    und in große Pfützen springe.
Und weil es sicher auch noch schwer wird,
    meinen wahren Weg zu finden.

Weil ich gerade so dankbar bin
    für alles, was ich habe.
Vor allem für die Menschen,
    die schon immer für mich da sind.

Und weil ich mich frage,
    ob ich sie oft genug umarme,
und sie jemals zu verlieren
    könnte ich niemals nicht ertragen.

Und weil ich gerade begriffen hab,
    dass wirklich alles endet.
Und ich hab schon zu viel Zeit
    mit Lappalien verschwendet.

Ich fühlte mich nie wahrer
    und nie zuvor so heftig echt,
nie erschien mir alles klarer
    und vergänglicher als jetzt.

Weißt du,
je mehr ich lebe,
desto mehr will ich leben,
und desto weniger bleibt mir.
Und so weine ich nicht,
weil ich traurig bin.
Im Gegenteil, ich glaube,
ich bin sogar glücklich.

Im Dunkelblau der Silbernebel schläft,
   es ist nach Mitternacht.
Du schaust mich, still im Kosmos schwebend,
   an, du runder, schöner Schwan,
schaust in meine kleine Seele,
   warst mir, Wunder, nie so nah.
Weißt du, ich hab Angst zu gehen,
   bitte, schein mich weiter an.

Ich als Löwenzahn würde schweigend,
   alles läge hinter mir,
zerstreut in meine Einzelteile,
   in Pusteblumenflugmanier,
wie ein Flieger aus Papier
   heiter meine Runden kreisend,
Gräser stünden mir Spalier,
   zu dir in den Kosmos steigen.

Ich als Mädchen bleib allein
  im Schlafanzug am Fenstersims.
Sag, behältst du mein Geheimnis,
  dass ich so vergänglich bin?
Nichts war je so schön wie heute,
  weil alles doch so flüchtig ist.
Und wie die Wölfe heulen,
  hörst du, Luna, so weine ich.

DIE BALLADE VOM KÖNIG

Ich zeig dir einen Ort,
   unendlich und geheim.
Keiner war je dort,
   hier wohne ich allein.
Jedes Stück ist mein
   unauffindbares Zuhaus,
niemand kann herein,
   und ich kann niemals raus:

Hinterm bronzenen Gatter,
das schon grün ist vom Wetter
   und durchflochten von Blättern,
zwischen Büschen und zwei
   Angolalöwen aus Stein,
am Seerosenzierteich und
   Springbrunnen vorbei,
liegt ganz versteckt
   hinter Zederngewächs,
Erste links und dann rechts,
   am Schluss der japanischen Kirschbaumallee,
es säumen Agaven und Wildkraut den Weg,
   meines einsamen Schlosses Entree.

Wo andere Apartments
    nur ein Buchsbaumbeet haben,
steht bei mir eine Kore
    aus naxischem Marmor
auf 'ner Bernsteinempore
    im vorderen Garten.
Wo in anderen Garagen
    nur drei Fahrräder parken,
steht bei mir eine Kutsche
    mit zehn Schimmelstuten
in der Rosenquarzeinfahrt,
    meine Abfahrt erwartend.

Rund um den Palast
    haben Wasser und Land,
wie 'ne Umlaufbahn fast,
    bis zum Horizont Platz.

Die Mauern sind weiß
   und von Efeu berankt,
hier reichen sich Pfauen
   und Schwäne die Hand.
Und der Schlosshund schleicht
   gerade am Glashaus entlang,
das leuchtet orange
   durch den Sonnenuntergang.

Ein eiserner Türklopfer
   in der Form eines Tierkopfes
ziert meine hölzerne Pforte.
Nur ein Windhauch genügt,
   bis die Klinke nachgibt
und sich unter leisem Quietschen
   diese Schwingtür aufschiebt.
Während sie sich wie ein
   Diener zur Seite verneigt,
wird der Blick auf das
   lilane Vorzimmer frei
und auf mein Konterfei,
   fein gemeißelt in Stein.
Und ein Bonsai steht nice
   auf dem heiligen Schrein.

Herein!

Was ein Prunk, was ein Duft,
   diese Wucht, ein Genuss!
Perlmutterne Putten und funkelnder Stuck,
   so viel Schmuck, und die Kunst!

Da »Der Schrei«, da »Der Kuss«!
Hier trifft Lust auf Vernunft,
　　so ein Bilder-Book-Look!

Hier lebe –
　　ich bin ein allmächtiger König.
Ich hab von allem zu viel,
　　aber davon zu wenig.
Bin seit Jahren schon satt,
　　hab unstillbaren Hunger.
Meine Schatzkammer platzt fast
　　vor Silber und Zunder.
Ich habe neunundneunzig Taler,
　　doch ich hätte lieber hundert.

My castle is my candy shop,
　　my Zepter is my lollipop,
my throne is on the rooftop of my block.
Ich bin der Wettergott,
　　der Sternekoch, der Lanzelot,
der Sherlock hier am Wärmetopf.
Ich krempel meine Ärmel hoch,
　　hab Kälteschocks nie gern gemocht.

Wie Songs in 'ner Playlist
   skippe ich Donner und Blitze,
zieh auf dem Display – dem Himmel –
   dann die Sonne zur Mitte,
swipe Wolken nach links,
   was wie Golfen fast ist.
Daran erfreut sich das Licht
   und erleuchtet auch mich.

Meine Krone aus Gold – vierundzwanzig Karat –
   trag ich mit Stolz auf rapunzelnem Haar.
Zum Frühstück gibt's Lilien und Lorbeersalat,
und nachmittags spiele ich Mondscheinsonaten-
   passagen in Moll, meiner Lieblingstonart.

Und wenn ich am späten Abend,
   meinen Purpurmantel tragend,
mit Fontänen und Trompeten
   aus dem Anwesen hinaus
in den Garten trete,
   salutiert vor mir der Rasen,
leuchtet's Schloss in allen Farben,
   regnet's Rosen und Raketen,
und die grauen Fasern schweben
   aus der Raufasertapete!
Was kann es Schöneres geben?
Ich liebe dieses Leben!
Es entstehen erst Probleme,
   wenn ich Anwesende zähle:

Eins ...
Eins?
Eins.

Hier stehe –
   ich bin ein einsamer König.
Ich bin unendlich reich,
   und das nützt mir so wenig.
Kein Gast kann herein,
   mein Olymp ist ein Käfig.
Was nützen Gold und Zeit?
Wo Licht, ist Schatten auch nicht weit.

Und so tanz ich allein auf dem Marmorbalkon –
aus dem Grammofon knistert ein tristes Chanson –
im Kronleuchtermondschein und weine dabei.
Will ich echt König sein? Was hab ich davon?

Und ich tanze allein ein abstraktes Ballett,
   Pirouetten, Pliés, Palisanderparkett.
Ich lächle kokett meinem Ebenbild zu,
   das spiegelt sich länglich im Silberbesteck.

Und ich tanze allein, füll die Fläche komplett,
   bin Alleinunterhalter im Glitzerjackett,
stehe allein in der Ecke und spreche zu mir selbst,
   dem einzigen, einsamsten Menschen auf der Welt.

Ich bin mein einziger Freund
   und mein einziger Feind.
Bin Homer, bin Zeus,
   bin der Herrscher, das Volk,

krieg den Hals niemals voll.
Ich bin ziemlich bescheiden,
   ich finde mich toll,
und ich kann mich nicht leiden,
   kann mich über alles freuen,
ich kann über alles weinen.
Ich will immer alles neu,
   aber alles soll so bleiben.

Ich habe alle Schlüssel,
   ich bewege alle Zeiger.
Ich trete auf der Stelle,
   und ich gehe immer weiter.
Ich bin Zukunft und Vergangenheit,
   bin Lehrer und bin Meister.
Ich bin alles Irdische,
   ich bin alle Geister.
Hier bin ich gefangen,
   hier bin ich daheim.
Ich bin alles in einem,
   bin zerrissen, entzwei.

Ach!

Ich bin wahnsinnig,
   und zwar wahnsinnig lethargisch!
Ich bin Consouci,
   ich werde zunehmend apathisch!
Ich ertrag das nicht,
   wart seit Jahren auf die Katharsis!
Bin phlegmatisch, zu dramatisch
   und mir selber unsympathisch!

Ich fläze auf der Couch,
    wo ich Fusselburgen bau,
male Muster in den Staub,
    gähne lang, seufze laut.
Mein Leben ist so mau
    wie der Rerun von *Full House*.
Ich bin ein trauriger Clown
    in einem traurigen Haus.

Ich versteck mich unterm Thron
    vor dem Überangebot.
Mich setzt das unter Druck,
    der Palast ist viel zu groß.
Die Decken sind so hoch.
Das geht gar nicht zu Fuß
    und auch nicht mit Teleskop.
Hab das alles schon versucht.
Ich lebe einen Fluch,
    nie bin ich gut genug.
Ich zieh die Samtvorhänge zu!

So ein Morgenspaziergang
    dauert hier mindestens vier Tage.
Die Treppen sind so lang,
    dass ich Knieprobleme habe.
Alles schlägt mir auf den Magen,
    bin zu müde, um zu schlafen.
Das ist alles eine Phase,
    die ich von Geburt an habe.

Ich sehe von hier aus sogar das Obst
    an den Bäumen verrotten.
Wie soll ich allein bloß
    all die Speisen verkosten?
Früher hab ich noch mit
    Windmühlen gefochten.
Jetzt lasse ich mein Schwert
    mitsamt Rüstung verrosten.

Der Himmel ist so düster,
    weil ich mich nicht mehr kümmere.
Aber soll es doch gewittern,
    oder soll ich doch erfrieren!
Ja, na und? Ich bin verbittert.
Wohin mit den Gefühlen?
Ich kann sie nicht mehr spüren.
Es muss irgendwas passieren!

Raus!

Draußen entsattele ich all meine Pferde,
    sie traben entlastet, gelöst in die Ferne.
Ich lass dem Schlosshund seinen Lauf,
    mach das Schwanengehege auf.
Alle blauen Pfauen
    und alle Atome strömen raus.

Drinnen öffne ich die Türen,
  alle Wasserhähne auch,
schraube jede Konfitüre-,
  jede Sirupflasche auf,
lass den Sturm durch alle Fenster rein,
  sodass alles in Bewegung bleibt.
Nichts soll mehr gefangen
  und ich soll nicht länger König sein!

Zu guter Letzt steig ich gefasst
  in die Schatzkammer hinab,
breche die Kronenzacken ab,
stell die Stromverbindung ab
  und verbrenne all den Zaster.
Schließlich lodert der Palast.
Es knistert, nein, es prasselt,
  in ergreifendster Pracht,
in den epochalsten Farben.
Chor, Crescendo und Fanfaren
  untermalen meinen Wahnsinn.
Was für ein Finale!

Weg!

Und dann renne ich allein über den Mamorbalkon,
  durch Flure zum lilanen Eingangssalon.
Letzter Blick noch auf Bonsai und Steinkonterfei,
  ein Kuss für den Kuss und ein Schrei für den Schrei.

Ich renne wie in Trance aus dem Flur in die Nacht.
Die Schwingtür zerschellt, als sie heftig ins Schloss kracht.

Dem Tierkopftürklopfer fällt dramatisch der Kopf ab.
Rosenquarz knarzt hart unter meinen Schritten.

Ich renne ins Schwarze, angefeuert vom Gewitter,
   die Kore zerbirst, just von Blitzen zerrissen.
Ich blicke nicht zurück, Urknall, Feuer hinterm Rücken,
   verlasse meine Einfahrt und erreiche bald die Büsche.

Weiter!

Ich trete Agaven und Wildkräuter platt,
   breche japanische Kirschzweige ab.
Tränen benetzen mein heißes Gesicht.
Gleich bin ich da, ich bezweifle es nicht,
schubs die Löwen aus Stein
   in den Seerosenteich.
Ich schluchze, ich keuche.
Da! Fast geschafft!
Ich öffne das Gatter mit
   zitternder Hand.
Und dann trete ich raus.
Und dann atme ich ein,
   fall auf die Knie.
Und ich weiß,
   ich bin
   frei.

Hier knie –
   ich bin ein gebrochener König.
Mein Schloss ist die Asche,
   und ich bin der Phönix.

Das, was mir bleibt,
    ist ein Haufen aus Staub.
Ich bin alleine, bin eins,
    bin endlich hier raus.

Wohin?

Ich renn zum Horizont
    auf der Suche nach dem Ausgang.
Doch ich finde keine Tür,
    kein *da draußen*, keine Hauswand.
Dann ist es also wahr,
    dass auch ein König hier nicht rauskann?
Ich kann hier gar nicht flüchten.
Wofür der ganze Aufwand?

Eben war ich noch erleichtert.
Aber jetzt befallen mich Zweifel,
ob ich niemals oder immer
    ganz gefangen oder frei war.
Ich seh, wie ein Pfau
    in die Ferne entflattert,
doch kehre zurück
    zu dem bronzenen Gatter.
Die Luft und die Farben
    sind seltsam vertraut.
Hier war es, hier ist es,
    mein wahres Zuhaus!

Da capo al fine.

MIT DIR ZU SPRECHEN

Und mit dir zu sprechen tut mir jedes Mal gut,
   weil du mich verstehst, wie das sonst keiner tut.
Du nimmst mir die Angst, ganz ich selbst zu sein,
   lässt mich nie einsam, schon gar nicht allein.

Und mit dir zu sprechen macht mir jedes Mal klar,
   dass ich zu schnell vergesse, wie gut ich es hab,
und zu schnell verletzt bin, wenn mich einer nicht mag.
Du weißt es: Ich schätze jeden einzelnen Rat.

Mit dir zu sprechen ist genau, wie es war
   beim ersten Mal treffen vor über zehn Jahren.
Wenn ich dich nicht hätte, würde ich mich fragen,
   wie es wohl wäre, beste Freunde zu haben.

UM DREI AM ECK

Ich bin immer die, die zuguckt,
    wenn die anderen wachsen,
ich bin die, die zurückbleibt,
    wenn mich andere verlassen.
Ich bin die, die dabei hilft,
    fremde Dinge anzupacken,
jeder denkt an sich,
    und ich denke an die anderen.

Wenn wieder einer geht,
    höre ich mich fragen:
»Hey, kann ich mitkommen,
    bitte, nur ein Stück?«
Doch kein Einziger nickt,
    immer bleib ich zurück.
Aber dieses Mal nicht,
    dieses Mal gehe ich.
Denn es geht um mein Glück,
    und wenn du willst, kannst du mit!

Komm, wir rennen weit, weit weg,
    dahin, wo uns keiner kennt.
Ich weiß da ein Geheimversteck.
Treffen ist um drei am Eck!

Ich hab es satt, darauf zu achten,
   was die anderen machen,
ich hab zu viele Sachen,
   Verspannungen im Nacken,
mich belastet die Angst,
   irgendwas zu verpassen,
irgendwas zu vergessen,
   zu viel Zucker zu essen,
und die tägliche Presse.
Was ist los mit der Welt?

Und überall Werbung.
Wer glaubt denn den Quatsch?
Vor meinen Augen seh ich nachts
   noch ein weißes Quadrat,
weil ich tagsüber nur noch
   auf Bildschirme starr.

Deshalb werde ich jetzt packen,
   nur die wichtigsten Sachen,
alles hinter mir lassen,
   mal mit Abstand betrachten.
Ich will heute Abend schon
   an einem Strand übernachten,
und dann will ich lachen,
   bis ich Bauchschmerzen hab.

Also komm, wir rennen weit, weit weg,
    dahin, wo uns keiner kennt.
Wir finden ein Geheimversteck.
Treffen ist um drei am Eck!

Du machst hier die Lichter aus,
    wir bauen Pappaufsteller auf.
Dann sieht es von außen aus,
    als wären wir Stand-by zu Haus.
Du schreibst Post-its für die Türen,
    schreibst, dass wir gerade nicht da sind.
Ich bring das Internet zum Nachbarn
    zur Pflege, denn ich brauch es nicht.

Wir sind jetzt erst mal offline,
    das Handy kann zu Hause bleiben.
Wir reden über Bechertelefon
    oder über Rauchzeichen.
Wir brauchen keine Kreuzfahrt,
    keine Welt- und keine Traumreisen.
Wir werden lange schlafen
    und danach lange aufbleiben.
Das Leben ist ein D-Zug,
    lass mal lieber aussteigen,
Wenn wir hier nichts reißen,
    dann müssen wir halt ausreißen.

Komm, wir rennen weit, weit weg,
    dahin, wo uns keiner kennt.
Wir finden ein Geheimversteck.
Treffen ist um drei am Eck!

Pass auf, hier ist unsere Packliste:
mein Lieblingsbuch, ein Badetuch,
    Indianerfederkopfschmuck,
ein paar Nüsse, ein paar Früchte
    und noch Mehl für Stockbrot,
bunte Stifte, frische Strümpfe,
    Tauchausrüstung, Baskenmütze,
Seifenblasen, Spielkarten,
    Wunderkerzen und Gummitwist,
zur Sicherheit ein paar Pflaster,
    und ich bring Konfetti mit.
Notizblock, Koffer, Opernglas, Kompass,
    Rekorder, Hocker und deinen Rucksack,
und bring noch etwas Kleber
    und am besten Papier mit,
dann falten wir ein großes Papierschiff.

Wir segeln durch das Schilfmoor
    und überqueren den Atlantik,
mit Propellern an den Jacken
    schweben wir durch die Galaxis.

Mit Segway und Jetpack
   von Narnia nach Kanada,
dann wandern wir ein Mandala
   von hier bis nach Panama.

Wir sind wie Susi und Strolch,
   nur dass wir keine Hunde sind,
wie Wendy und Peter,
   nur dass ich quasi Peter bin,
wie Barbie und Ken,
   nur besser, nicht aus Plastik,
wie Suzy und Sam,
   nur in echt und über achtzehn.

Und dann hören wir, wie Stille klingt.
Und dann fühlen wir, was Freiheit ist.
Und dann riechen wir die Meeresluft.
Und wir trinken aus 'ner Kokosnuss.

Komm, wir rennen weit, weit weg,
   dahin, wo uns keiner kennt.
Wir finden ein Geheimversteck.
Treffen ist um drei am Eck!

Willst du mitkommen?
Heute hast du Glück,
   denn ich renne heute weg.
Ich nehme dich mit,
   ganz bis zum Horizont.
Danach noch ein Stück,
   für ein High five mit der Sonne,
und dann kehren wir zurück.

Und bitte ruft uns nicht an,
   denn wir haben keinen Empfang.
Wir sind nicht verloren,
   wir sind nur woanders.
Wir passen auf uns auf,
   also macht euch keine Sorgen.
Wir kommen ja wieder,
   nur vielleicht lieber morgen.

Also, komm, wir rennen weit, weit weg,
   dahin, wo uns keiner kennt,
   zu irgendeinem Geheimversteck.
Kommst du auch um drei zum Eck?

ANGST VOR GEFÜHLEN

Du sagst, ich seh so ernst aus,
　　ob denn irgendetwas ist.
Ich sage, dass ich glücklich bin,
　　das ist halt mein Gesicht.
Je mehr du mein Lächeln forderst,
　　desto mehr bekommst du's nicht.
Du fragst, woran ich denke?
Na, auf keinen Fall an dich!

Die Wahrheit ist, ich hab dich
　　schon von Anfang an zu gern,
und ich fürchte mich davor,
　　dass du laut lachst, wenn du das merkst.
Einen Trick hab ich aus meinen
　　eigenen Fehlern schon gelernt:
nämlich, mich so lange wie möglich
　　gegen Herzklopfen zu wehren!

Denn ich hab Angst vor Gefühlen,
　　Angst vor Gefühlen,
und niemand soll sehen,
　　dass mir etwas was bedeutet.

ANGST VOR GEFÜHLEN

Ich weiß, dass es bescheuert ist,
    Gefühle zu negieren,
weil ich ja nonstop fühle,
    das gehört nun mal zu mir.
Aber das macht mich verletzlich,
    mir kann viel zu viel passieren.
Wenn mir gar nichts was bedeutet,
    dann kann ich auch nichts verlieren.

Denn ich hab Angst vor Gefühlen,
    ich hab Angst vor Gefühlen,
und niemand soll sehen,
    dass mir etwas was bedeutet.

Es ist manchmal ein lustiges Ding,
    dieses Leben.
Ich tue nichts als fühlen,
    doch sträube ich mich dagegen.
So wird sich in Zukunft
    wohl kaum was bewegen.
Vielleicht sollte ich mir
    einen Plan B überlegen!

SELFIE

War nicht van Gogh nur ein wirrer, verwirrter
  Narzisst auf 'nem Instagram-Selfie mit Filter?
War nicht auch Dürer ein Photobooth-Nutzer
  mit Hang, sich in düstere Ecken zu kuscheln?
War nicht Picasso ein Malkasten-Lover
  mit Absicht, sein eigenes Abbild zu covern,
ein Beauty-OP-Prophet im Grunde,
  und hat er nicht eigentlich Face Swap erfunden?

Sind Smartphones nicht leichtere Kreidetafeln,
  die uns Kreiderückstände und Seife ersparen?
Und sagte nicht schon das Orakel von Delphi:
  »Erkenne dich selbst« aka »Mach ein Selfie«?

Ist das der gemeinsame Nenner der Menschen,
  die Sehnsucht, das eigene Selbst zu erkennen?
Ich tauche in mein Abbild und suche den Grund.
Ein Klick auf dem Touchscreen, und schon bin ich Kunst!

Ich bin flüchtig.
'ne Skizze in Eile gekritzelt mit Kreide.
Beim zeichnenden Streifen der Handrückenseite
   ist leider mein eigener Umriss verwischt.

Ich bin ungenau.
Ein uraltes Foto mit fransigen Kanten,
   der Glanz zerkratzt, die Farben verblasst.
Was hat sich der Künstler bloß dabei gedacht?

Ich bin unklar.
Mal heller, mal dunkler, mal grauer, mal bunter.
Ein nebliger Turner, bei dem man sich wundert:
   Geht die Sonne jetzt auf oder unter?

Ich bin unfertig.
Ein unüberlegt hingeschmiertes Porträt,
   vom Künstler verschämt in die Ecke gelegt,
vom Kurator, vom Kenner, vom Kunden verschmäht.

Ich bin zerrissen.
Vom Schöpfer zerstreut aus dem Fenster geschmissen,
   mit Tesa geklebt unter schlechtem Gewissen.
Mein goldener Schnitt hat eindeutig gelitten.

Ich bin vage.
'ne wirre Collage mit mehreren Lagen,
   mir fehlt der Fluchtpunkt, mir fehlt die Gerade.
Ich passe in keine Collagenschublade.

Ich bin, wie ihr wart.
Imitat, Plagiat, bin ein Kunstdruckplakat.
War alles schon da, wurde alles gesagt,
    mein erster Geburtstag 'ne Art Vernissage.

Ich bin Street-Art.
So wie ich jetzt bin, bin ich nie wieder.
Wenn ich Straßenbahn fahre, Passagen langlatsche,
    esse ich Banksy-Bananen von urbanen Fassaden.

Ich bin unperfekt.
Jede Facette steckt noch im Prozess.
Ich habe mich selbst entdeckt, nur die Hälfte gecheckt,
doch ich mag mich schon jetzt, denn ich weiß, ich bin echt.

Ich schaue mich an, komme nicht an mich ran,
    mich und mich trennen noch Handy und Hand.
Mich und mich trennen noch Spiegel und Wand.
    Ich weiß es, ich bin nicht die Schönste im Land.

Ich schaue mich an, doch begreife mich nicht.
Ich sehe mich dauernd in anderem Licht,
sodass meine Wirkung stark davon abhängt,
    in welchem Rahmen ich abhäng.

Wir zeigen und protokollieren uns selbst,
    beim Essen, beim Lächeln, in Betten, als Helden,
aus Versehen, aus der Nähe, retuschiert, unverstellt,
    und erweitern dabei die Geschichte der Welt.

Ein Kreislauf von Spiegeln, alles kommt wieder,
   wie Kleidung und Möbel und Meinungen und Lieder,
getragene Jacken an jüngeren Körpern,
   alte Gedanken in neueren Wörtern,
alte Kommoden in bunteren Lichtern,
   eure Gefühle in unseren Gesichtern.

War nicht auch Kahlo Tutorial-Star
   mit Beauty-Blog und bunten Blumen im Haar?
Und Matisse, hat der nicht nur an FOMO gelitten
   und deshalb andauernd Papiere zerschnitten?
War Friedrich nicht auch nur ein Polaroid-Hipster
   mit der Leidenschaft, neblige Felsen zu knipsen?
Hat da Vinci nicht auch nur schnell Snapchat gecheckt
   und dabei dann das Lächeln von Mona entdeckt?

Ist das der gemeinsame Nenner der Menschen,
   die Suche, das Ich und das Selbst zu erkennen?
Die Suche nach uns und nach unserem Grund?
Ein Klick auf dem Touchscreen, und schon sind wir Kunst!
Und sagte nicht schon das Orakel von Delphi:
   »Erkenne dich selbst«?
Also mach ich ein Selfie.

AM ENDE DES TAGES

Jetzt mal ganz ehrlich:
Am Ende des Tages
   wünsche ich mir ein Sofa,
auf dem jemand wartet,
und dazu noch die Frage:
»Wie geht es dir gerade?«
Das Glück liegt im Alltag,
es liegt im Normalen.
Und möchte nicht jeder,
dass am Ende des Tages
   ein anderer da ist
und auf einen wartet?
Ich glaub, all die Leute,
die es immerzu leugnen,
die flunkern gewaltig
   und wollen's am dollsten.

STRESSED OUT

»Wish we could turn back time
   to the good old days,
when our momma sang us to sleep,
but now we're stressed out.«

*Ich wünschte, wir könnten die Zeit zurückdrehen
   zu den guten alten Zeiten,
als unsere Mama uns in den Schlaf gesungen hat,
denn jetzt sind wir so gestresst.*

Was ist los mit dir?

Ich erkenn dich gar nicht wieder,
    du bist immer nur gestresst!
Du lebst von Deadline zu Deadline,
    und du glaubst an Effizienz.

Du bist gerne selbstständig,
    weil dir das gut gefällt.
Du lässt dich doch nicht ausbeuten,
    das machst du ständig selbst.

Du isst und sprichst im Gehen,
    nimmst die Arbeit mit ins Bett.
Morgens trinkst du Kaffee,
    abends nimmst du Schlaftabletten.

Mit Mitte zwanzig siehst du
    bisschen aus wie Ende dreißig.
Wenn du im Urlaub krank bist,
    heißt das, du warst heftig fleißig.

Deine Freunde lügst du an:
    »Ja, mir geht's gut, hier alles fit.«
Du teilst Weisheiten auf Instagram,
    aber du liest sie leider nicht.

Du bist frei, gesund und jung,
    und du stehst dauernd unter Druck,
du fühlst dich niemals gut genug,
    und du fragst dich oft, warum.

Du wünschtest, du könntest die Zeit zurückdrehen
   zu den guten, alten Zeiten,
als Mama dich in den Schlaf gesungen hat,
denn jetzt bist du so gestresst.

Und was ist los mit mir?

Ich erkenn mich gar nicht wieder,
   ich bin immer nur gestresst.
Ich war mal das Success Kid,
   und jetzt bin ich Grumpy Cat.

Meine Aufmerksamkeitsspanne
   liegt bei drei Minuten sechs.
Ich ess ständig aus Snackreflex,
   les währenddessen Fitness-Apps.

Ich hab jetzt endlich auch FOMO,
   das wollte ich nicht verpassen,
und in allen Supermärkten
   wechsele ich zu oft die Kasse.

Ich schaue zu viel Netflix
   und dabei zu wenig raus,
ich kenne meinen PIN-Code nicht,
   mein Handy ist nie aus.

Ich mach Yoga, trinke Smoothies.
Warum will ich trotzdem weg?
Ich mach so vieles, was mir guttut.
Warum geht es mir dann schlecht?

Ich bin frei, gesund und jung,
   doch ich steh nur noch unter Druck,
nichts, was ich mache, ist genug,
   und ich frage mich, warum.

Ich wünschte, ich könnte die Zeit zurückdrehen
   zu den guten, alten Zeiten,
als meine Mama mich in den Schlaf gesungen hat,
denn jetzt bin ich so gestresst.

Ich wünschte, ich müsste nicht
   reimen, wenn ich dichte,
und ich könnte einmal chillen
   ohne schlechtes Gewissen.
Ich wünschte, ich wär schön,
   auch ohne Schminke,
und könnte das Wasser,
   das ich predige, auch trinken.

Ich wünschte, ich würd
   auf Low Carb verzichten,
ich wünschte, das hier
   wär 'ne bessere Geschichte.

Was ist los mit uns?

Ich erkenn uns nicht wieder,
   wir sind nur noch gestresst.
Ich denke oft an früher,
   vielleicht war da alles besser.

Unsere Eltern waren Satisficer,
   jetzt sind sie geschieden.
Wir sind verdammte Maximizer,
   wollen Transzendenz *und* Liebe.

Wir vergleichen uns ständig,
   wollen höher, schneller, weiter,
sind getrieben und ängstlich,
   wollen alles, nur nicht scheitern.

Wir sind verunsichert.
Woran sollen wir glauben?
Wir haben wirklich viel,
   außer allem, was wir brauchen.

Wir jagen falsche Ideale,
   und das ist unser Problem.
Wir haben falsche Werte,
   da geht es nicht um Gluten.

Wir sind das selbst,
    wir machen uns den Stress.
Wir wären gern perfekt,
    aber wo ist da der Zweck?

Hinter den Fassaden
    sind wir doch vor allem Menschen,
und uns geht es so viel besser,
    wenn wir uns nicht ständig stressen.

Was bringt uns all der Stress?
Was ist denn der Preis?
Dass es uns allen schlecht geht
    und es dabei anders scheint?

Wir sind doch frei, gesund und jung.
Was bringt uns all der Druck?
Dafür gibt es keinen Grund.
Was wir machen, liegt an uns!

Wir entscheiden alles selbst,
    ob wir reimen, wenn wir dichten.
Wir entscheiden über uns
    und ob wir auf was verzichten,
entscheiden, was uns wichtig ist
    und wem wir uns verpflichten.
Baby, das hier ist für uns,
    unsere eigene Geschichte!

Wir brauchen nicht die Zeit zurückdrehen.
Auf die guten, neuen Zeiten!
Wir singen uns in den Schlaf,
  wir waren lang genug gestresst.

MEINE STIMME

Wenn ein Korn zu Boden fällt,
wird niemand es fallen hören.
Doch fallen viele simultan,
wird der Lärm die Ruhe stören.

Ich bin eine von fast acht Milliarden.
Was kann ich da erwarten?
Du willst mir doch nicht sagen,
    dass ich irgendeinen Einfluss habe?

Was nützt es, wenn ich ehrlich bin?
Das macht doch die Welt nicht ehrlich.
Und wenn ich kein Fleisch mehr kaufe,
    sind die Tiere trotzdem tot.

Was nützt es, wenn ich gütig bin?
Das ändert nicht die bösen Menschen.
Und teile ich, was ich nicht brauche,
    fehlt den anderen trotzdem Brot.

Was nützt es, wenn ich Müll sortiere?
Die Erde bleibt ja doch verschmutzt.
Was soll ich Fremdes reparieren?
So vieles bleibt ja doch kaputt.

Ich weiß, ich bin kein Großkonzern,
   nicht Insider der Medien.
Ich bin auch kein Politiker
   und leider keine Königin.

Ich kann kein großes Bauwerk bauen,
   ich werde keine Rekorde knacken,
ich kann keine Krankheit heilen.
Was soll ich schon hinterlassen?

Doch zwischen Menschen und Planeten
   herrscht, ich kann's nicht ignorieren,
   ein Geben und ein Nehmen,
und ich will mich involvieren.

Denn ich bin Teil eines Ganzen,
   und ich nutz jetzt meine Stimme.
Denn wenn jeder auf sich aufpasst,
   ist für jeden einer da.

Ich lebe, handele, lerne nach
   bestem Wissen und Gewissen.
Wenn jeder dabei mitmacht,
   dann, glaub ich, geht da richtig was.

Mein Einfluss ist zwar nicht gigantisch,
   doch gar nichts ist er auch nicht ganz.
So ist es relativ fantastisch,
   dass ich Einfluss auf mich hab.

Ich kann auf Freunde und Familie
und vor allem auf mich achten,
Ich kann meine Erkenntnis teilen
und Gedanken hinterlassen.

Und ich kann andere ermutigen
und jedem, der es hören will, versichern,
dass er gut genug und wertvoll ist.

Weißt du, wenn ich ehrlich bin,
inspiriert es vielleicht andere Menschen,
und wenn ich kein Fleisch mehr kaufe,
esse ich kein totes Tier.

Und wenn ich mich gut verhalte,
bin ich einer von den Guten,
und teile ich, was ich nicht brauche,
wird aus *ich* ein neues *wir*.

Und wenn ich den Müll sortiere,
hab ich keine Schuld an Schmutz.
Wenn ich dem Nachbarn assistiere,
vielleicht nimmt er mich mal in Schutz.

Ich weiß, wir haben schwere Jahre,
weltweit ist so vieles tragisch.
Also: Halten wir die Fallenden
und helfen ihnen beim vielen Tragen.

Du bist einer von fast acht Milliarden.
Worauf willst du noch warten?
Was, wenn ich jetzt sage,
    dass wir alle einen Einfluss haben?

Vielleicht ist er nicht so gigantisch,
    doch null ist er auch nicht ganz.
Immerhin ist es fantastisch,
    dass du Einfluss auf dich hast!

Zwischen Menschen und Planeten
    herrscht, egal, ob wir es ignorieren,
    ein Geben und ein Nehmen.
Warum sich dann nicht involvieren?

They say: »Dress for the job you want.«
So why don't we »live for the world we want«?

Singe laute gute Lieder,
    geh mit gutem Mut voran.
Rede mit deinen Freunden darüber,
    dass jeder was machen kann.

Alleine sind wir leise,
    und zusammen sind wir laut,
für sich fällt jeder einzeln,
    doch zusammen fallen wir auf.

Wir können dabei nur gewinnen,
  wenn wir sagen, was wir meinen.
Hörst du, das ist meine Stimme,
  also sag mir: Wie klingt deine?

Ich bin nur ein kleines Korn,
  mich wird keiner fallen hören.
Doch fallen wir alle simultan,
  wird der Lärm die Ruhe stören.

FAHRRADREPARATUR

Da steht ein Fahrrad an der Ecke,
   an dem Zaun vor meinem Haus.
Na ja, eigentlich der Rahmen,
   denn der Rest wurde geklaut.

Es steht da schon seit Tagen,
   und niemand holt es ab,
und – wie soll ich das jetzt sagen? –
   du erinnerst mich daran.

Dieses Fahrrad an der Ecke,
   an dem Zaun vor meinem Haus,
das wurde wohl vergessen,
   und das macht mich ziemlich traurig.

Ich kenn es nur vom Sehen,
   denn es ist ja gar nicht meins,
es war mal wirklich schön,
   und jetzt tut es mir sehr leid.

FAHRRADREPARATUR

Ich frag mich immer wieder,
   ob ich dir davon erzähle,
denn es wäre sicher leichter,
   wenn wir nicht darüber reden.

Denn es ist immer leichter,
   wenn wir nicht darüber reden.
Wobei, eigentlich nur scheinbar,
   denn das löst ja nie Probleme.

All deine Schwierigkeiten
   waren auch schon vor mir da,
bleiben dein, auch wenn ich schweige,
   deshalb kann ich's dir auch sagen:

Du siehst seit einer Weile
   ganz genauso traurig aus,
du bist immer so leise,
   und du gehst zu wenig raus.

Du gehst verdächtig krumm
   und lachst eigentlich kaum.
Sag, warum bist du so stumm?
Sag, was ist es, was du brauchst?

Weißt du, seit ich etwas darauf achte,
sehe ich in der ganzen Stadt
   so viele Räder, die kaputt sind,
und ich finde das echt krass.

FAHRRADREPARATUR

Für das Fahrrad an der Ecke,
    an dem Zaun vor meinem Haus,
werde ich Kette, Sattel, Reifen
    und Montagewerkzeug kaufen.

Ich kann es nicht reparieren,
    denn ich hab ja keinen Schlüssel.
Wenn der Besitzer von mir wüsste,
    vielleicht wäre er dann glücklich.

Solltest du ihn treffen,
    sag ihm, ich bin immer da.
Und ich gehe auch nicht weg,
    denn ich liebe dieses Rad.

FÜR SIE

Als er schlaflos und barfuß in den Himmel hochblickte,
fand er dort gar nichts als pechschwarze Lücken
   zwischen müden Planeten und belanglosen Zeichen.
Nie würde er ihre Stirn wieder küssen,
   nie würde er wieder neben ihr sitzen.
Er wusste, er war jetzt allein.

Die Nachricht traf ihn wie ein heftiger Speerstoß,
   der in Zeitlupe, still und frontal, auf ihn zukam.
Er warnte sich, sagte sich, gleich geht der Schmerz los,
   bevor er ihn ruhig zu durchbohren begann.

Er hatte sich abends vorm Schlafen gewünscht,
    der Speer möge ihn fix von hinten erwischen,
weil nichts qualvoller ist, als ein Leid zu erwarten,
    aus dessen Armen es keinen Ausweg mehr gibt.

Unter den Füßen wurde ihm nicht der Boden,
    sondern der gesamte Planet weggezogen.
Es blieb ein luftleerer Raum ohne Halt, ohne Ziel,
    in dessen gierigen, offenen Hals er dann fiel.

Er wollte schlagen und beißen, sich halten und schreien,
    doch da war es vorbei, jede Rettung zu spät.
Irgendwann ließ er los und sich gleichgültig fallen.
Er wusste, er würde es lange nicht begreifen.
Er wird sie nie wiedersehen.

Er betrachtete ihr Foto, löschte das Licht.
In jedem Raum sah er ihr liebes Gesicht,
sah ihre Augen, hörte, wie sie spricht,
    fühlte ihre Hand, wie sie seine umschließt.
Alles, was eben noch lebenswert aussah,
    war plötzlich quälend, belastend, untragbar.
Die Magnolie, die eben so unbeschwert aussah,
    war jetzt ein elendes, aschblasses Monster.

Als er nun schlaflos und barfuß in den Himmel hochblickte,
fand er dort gar nichts als goldene Mücken,
    ein paar weiße Zwerge und brennende Steine.
Nichts würde je mehr sein Auge entzücken,
    nichts würde je mehr seine Trauer kitten.
Er wusste, er war jetzt allein.

Regungslos stand er noch Stunden am Fenster,
  die Nacht wie sein Ausdruck so finster.
Die Magnolie im Garten, die von allem nichts ahnte,
  würde am nächsten Tag neue Blüten erwarten.

FÜR IHN

Es ist der erste Tag im Jahr,
    der Morgen nach der Neujahrsnacht.
Sie ist Ende achtzig und wie immer
    lange vor neun Uhr wach.

Sie isst ein Brot zum Frühstück,
guckt zum Küchenfenster raus
und sieht mit großem Schrecken
    all den Müll vor ihrem Haus.

So geht sie noch im Schlafrock
und allein mit ihrem Besen
    hinunter auf die Straße,
um Raketen aufzufegen.

Und da kommt er ins Spiel:
seines Zeichens Anfang neunzig,
sieht sie mit dem Besen, wie sie
    aufräumt, und er freut sich.

Ob die alten Leute
    immer alles machen müssen?

— Och, sie mache das gerne.
    Aber wer wolle das denn wissen?
    Und was er hier so rumstrolche,
    in dem Alter, kurz nach acht?

Er habe reingefeiert
    und deshalb den Bus verpasst.
Ob sie denn alleine sei?

— Ja, seit fünf Jahren Witwe.

Oh, das tät ihm leid,
    denn er teile dieses Schicksal.

Da schweigen sie gemeinsam
    zwischen Glasmüll und Raketen.
»Ist das etwa Zufall?«,
    sieht man beide überlegen.
Er fragt nach ihrer Nummer,
    aber sie lehnt dankend ab.
Egal in welchem Alter,
    da ist Vorsicht angebracht!

Würde sie denn morgen
    dann mit ihm zu Mittag essen?

— Nein, aber am Sonntag,
    zwölf Uhr Treffen an der Ecke.

Und am besagten Tag
  ist er nervös und früh schon da.
Doch sie lässt ihn noch warten,
  schließlich ist sie ja eine Dame.

Sie hakt sich bei ihm ein,
  beide haben sich schick gemacht.
Sie trägt ein gelbes Kleid,
  er hat Magnolien mitgebracht.

Um drei sind sie zurück
  von Gesprächen und Gebäck.
Besonnen, voller Glück
  bringt er sie noch ans Eck.

Das können sie nicht ahnen,
  beide, hier vor ihrer Tür,
doch in den nächsten Jahren
  ist er jeden Tag bei ihr.

HEIMREISE

Ich spür noch das Tanzen
  der Nacht in den Beinen,
noch einmal hör ich euer Wort.
Wie gern war ich hier,
  wie gern würd ich bleiben.
Still rollt der Zug mich nun fort.

Ich schmeck noch den Bissen
  vom Apfel im Mund,
ich bin müde, wie immer,
  gesättigt, gesund,
und Friska Viljor singt
  ein Lied in mein Ohr,
mein Leben kommt mir
  wie im Zeitraffer vor.
So bin ich am Ende
  wohl doch ein Vagabund,
jedes neue Danach
  ist ein neues Davor,

und auf jeden Absatz
   folgt ein neues *Und* ...
wieder mal geht
   eine Woche zu Ende.
Jetzt schon verschwimmen
   die vielen Momente,
und Rapsfelder ziehen
   am Fenster vorbei.
Was hab ich ein Glück,
   bei mir selbst zu sein!

Ich fühl noch die Brise
   auf meinem Gesicht,
seh euch noch stehen am Gleis.
Wie unfassbar flüchtig,
   wie schön alles ist!
Ich komme wieder, vielleicht.

MEIN INNERER KOSMOS

Ich hatte fast vergessen,
    wie es war, ich selbst zu sein.
Beinahe zufällig, jetzt endlich,
    falle ich mir wieder ein.
Ich dachte, ich muss weg von hier,
    um zu finden, was ich brauch.
Ich dachte, mein Zuhause
    sei aus fremdem Stein gebaut.

In meinem inneren Zimmer
    sitzend fand ich es heraus:
Es führt zu einer Wohnung,
    die führt zu einem Haus.
Da trat ich aus dem Eingang
    an die klare frische Luft.
Von dort ging es immer weiter,
    in die Stadt, aufs Land, zum Fluss.

Mein innerer Kolumbus
    fuhr nonstop auf hoher See,
wurde langsam unruhig.
Wozu die Odyssee
    und die jahrelange Suche,
ohne dass er etwas fand?
Da, ganz plötzlich sieht er das Ufer
    und entdeckt ein neues Land.

An meinem inneren Pazifik
   lag ich immer nur am Strand.
Vor den unbekannten Tiefen
   hatte ich gewaltig Angst.
Dann ging ich einmal schwimmen,
   und in den Wellen erkannte ich,
dass unter allen Fischen auch
   mein eigenes Atlantis liegt.

In mir ist ein ganzer Kosmos,
   der dehnt sich täglich aus.
Ich weiß nicht, wohin ich gehe,
   aber auf jeden Fall raus.

Hier bin ich Entdecker,
   Abenteurer, Astronaut.
Du hast Schmetterlinge,
   ich hab Galaxien im Bauch.
Durch meine blauen Adern
   fließen riesige Gewässer.
Hinter meinen braunen Augen
   liegen Landschaften und Länder.

Ich bin die Symbiose
   aus Vergangenheit und Zukunft.
Und wenn ich nicht mehr weiß, wohin,
   finde ich in mir selber Zuflucht,
in meinem Weltraum ohne Ende,
   dem Zuhause ohne Wände,
das ich überallhin schleppe
   wie 'ne umgekehrte Schnecke.

Hier wird mir niemals langweilig,
   ich werde niemals müde.
Ich breite meine Arme aus
   und fange an zu fliegen.
Ich sehe keine Grenzen mehr,
   ich sehe nur ein Ziel.
Vielleicht bin ich nicht unendlich,
   doch ich bin unendlich viel.

Es liegt eine Klarheit auf den Dingen
   wie nach 'ner zweiten Pubertät.
In mir erwacht, pulsiert, bewegt
   sich eine Großstadt, die nie schläft.
In mir drehen sich Planeten
   wie im Sonnensystem.
Vielleicht habe ich nie zuvor
   so nah bei mir gelebt.

Ich wünsche mir, nie mehr zu gehen.
Und ich wünschte, du könntest das sehen.

In mir ist ein ganzer Kosmos,
  der dehnt sich täglich aus.
Ich weiß nicht, wohin ich gehe,
  hier ist alles, was ich brauche.

Nach außen bin ich leise,
  doch hier drinnen bin ich laut.
Dass ich so viel in mir finde,
  hätte ich niemandem geglaubt.
Ich hatte fast vergessen,
  wie es war, ich selbst zu sein,
und ganz zufällig, jetzt endlich,
  falle ich mir wieder ein.

Es ist ein Missverständnis.
Ich hab jahrelang gedacht,
  in mir sei nur ein Zimmer,
und dann wurde es ein Land.
Es wurde ein Universum,
und mit Liebe und Verstand
  habe ich mein Zuhause
  in mir selber gerade erkannt.

HUNDERT GROSSE KINDER
Ein Klatschspiel

Draußen auf dem Schulhof toben hundert Kinder
    in der großen Pause und sind richtig laut.
Ich sitz hier am Schreibtisch, drinnen in der Firma,
    träume von zu Hause, schau zu ihnen raus.

Sie brüllen und schreien, springen über Seile,
    fallen hin, weinen, stehen wieder auf.
Sie sammeln Steine, spielen sich Streiche,
    sind bunt gekleidet, trinken Kakao.

Sie singen Lieder, rennen um die Wette,
    trinken vom Regen, atmen den Wind.
Sie spielen Fliegen, Fangen, Verstecken,
    Ball ohne Regeln, Mutter und Kind.

Sie halten Händchen, staunen über Märchen,
    hüpfen auf Kästchen, brauchen kein Geld.
Kichern und quengeln, wühlen in der Erde,
    ohne zu denken, sind sie sie selbst.

Sie glauben an Elfen, glauben den Eltern
    und an Gespenster, glauben an Gott.
Fühlen sich geborgen, planen kein Morgen,
    haben keine Sorgen – oder doch?!

Doch, denn Kind Nummer hundertundeins
  steht abseits in der Ecke und weint.
Wär gern erwachsen, fühlt sich allein,
  Jungsein ist nämlich nicht immer nur leicht.

Drinnen in der Firma sitzen hundert Schlipse,
  starren auf den Bildschirm, tragen alle Grau.
Wir haben krumme Rücken, tauschen ernste Blicke,
  schielen auf die Fitbits, keiner hier ist laut.

Wir warten auf die Pause, warten auf den Urlaub,
  warten auf das Leben, warten aufs Gehalt.
Haben Angst vorm Kranksein, haben Angst vor Falten,
  haben Angst vor Zucker, haben Angst vor Zeit.

Wir sind nie zufrieden, wir sind immer skeptisch,
  neidisch, kritisch, depri, unruhig und gestresst.
Rauchen, Trinken, Essen, Kaffee, Handy, Netflix,
  wollen uns vergessen, wollen gerne weg.

Wir reden übers Wetter, reden über andere,
  übers Effizientsein, reden über Geld.
Wir glauben an Zahlen, Macht, Erfolg und Leistung,
  Schönheit und Pilates, nur nicht an uns selbst.

Und draußen auf dem Schulhof toben hundert Kinder
  in der großen Pause, schwelgen in Magie.
Ich sitz hier am Schreibtisch, frag mich, was passiert ist,
  schließlich war ich früher auch mal so wie sie.

»Zwei mal drei macht vier,
  widdewiddewitt« –
das ist nicht richtig,
  ich kann nicht so tun –
»widdewiddewitt« –
  als ob das stimmt.

Denn ich bin nicht mehr fünf-fünf-fünf,
  auch wenn ich mir das wünsch-wünsch-wünsch.
Ich kann nicht mehr zurück-rück-rück,
  ich werd nie wieder Kind-Kind-Kind.
Ist das denn so schlimm-schlimm-schlimm?
Das ist der Lauf der Ding-ing-ing-e-e-e.

Draußen vor dem Schulhof stehen hundert Eltern,
  kommen von der Arbeit, warten auf ihr Kind.
Herzliche Umarmung, lachende Gesichter,
  und was grad noch schlimm war, hat jetzt einen Sinn.

Denn ich kann jetzt sehen, dass alles seine Zeit hat,
  was wir Kindern geben, lebt in ihnen weiter.
Wir machen ihnen Essen, sie machen uns Hoffnung,
  wir flechten ihnen Zöpfe, sie sind Pippi Langstrumpf.

Wir geben ihnen Freiheit, sie leben sie aus,
  wir sind für sie leise, sie sind für uns laut.
Wir zeigen ihnen Grenzen, Wegweiser und Spiele,
  wir sind Unterstützer, sie sind unsere Spiegel.

Sie machen uns besser, wir sind für sie da,
    sind sie nass vom Wetter, trocknen wir sie ab.
Sie suchen sich Ziele, wir bringen sie hin,
    wir geben ihnen Liebe, sie geben uns Sinn.

Wir lernen voneinander, bilden eine Welt,
    wir müssen sie beschützen wie auch uns selbst.
So hat der Lauf der Dinge vielleicht auch einen Grund,
    sind wir gut zu ihnen, sind sie gut zu uns.

Auch jeder Mufasa war einmal ein Simba,
    in der Firma sitzen quasi hundert große Kinder.
Ich muss plötzlich lächeln, alle werden älter,
    draußen auf dem Schulhof toben hundert kleine Eltern.

ZUHAUSE

Ich sitze hier oben jetzt auf meinem Dach,
   höre M83, betrachte die Nacht.
Vor meinen Augen erstreckt sich die Stadt
   wie mein innerer Canyon, ein Ozean fast.
Die Sonne verbeugt sich am äußersten Rand.
Die Wolken sind heute besonders schön blass,
   wellensittichblaue, vergängliche Pracht.

Ich sitze hier oben jetzt auf meinem Dach
   im Schneidersitz, hab Jeans und Jeansjacke an.
Der Wind weht mein Haar vor den Augen entlang.
Ich halte mich an meiner eigenen Hand,
   hab reißverschlussartig die Finger verhakt,
und alter Ballast sinkt zum Boden herab.

Mein Körper ist starr, mein Geist, der ist wach.
Im inneren Frühling erblüht meine Kraft,
    fließt durch mich durch wie ein rauschender Bach.

Ich sitze hier oben jetzt auf meinem Dach,
    höre M83, betrachte die Nacht.
Hättest du mir vor fünf Jahren gesagt,
    dass ich heute hier sitze, ich hätt's nicht gedacht.
Ich war mir noch nie zuvor selber so nah,
    und jetzt weiß ich auch, was der Sturm in mir war:
Heimweh – ich hab's nach mir selbst gehabt.

Ich liebe das Leben, die Welt und mein Dach,
    ich atme die Luft ein, das Licht und die Nacht.
Ich selbst bin ein flüchtiger glücklicher Tanz.
Was hat mich bloß jemals traurig gemacht?
In mir pocht es und klopft es im Vierverteltakt,
    in meinem Kopf nur ein einziger Satz:
Ich bin angekommen.

So sitze ich hier oben jetzt auf meinem Dach,
    höre M83, betrachte die Nacht.
Ein Zugvogel-V taucht erst auf und dann ab.
Unten läuft laut gerade eine Gruppe entlang.
Ein Hund bellt, ein Kind schreit.
Es fährt eine Bahn, einer guckt fern,
    und ein anderer lacht.
Und ich sitz hier oben bei mir
    auf dem Dach.

ABSPANN

Und am Ende vom Film
    spielt ein glückliches Lied,
die Big Band die Beats von Panjabi MC.
Die Kamera fliegt über die Szenerie.
Alle tanzen Party-Boogie
    wie bei *Happy Feet*.

Und alle feiern mit,
    alle haben bunte Kleider an.
Oma macht Paella,
Opa ist der Weihnachtsmann,
    bringt alle Laternen an.
Mein Papa macht Musik,
meine Mutter ruft schunkelnd:
    »Ich liebe dieses Lied!«

Mein Bruder ist im Garten,
    er schaukelt im Takt.
Er schwingt sich heute Nacht
    noch am Kronleuchter entlang.
Die Nachbarskinder springen
    überschwänglich auf 'ner Hüpfburg.
Aus den Gartenfackeln
    schießt gerade sonnenförmig Pyro.

Alle jubeln auf dem Rasen,
  alle rasten aus und klatschen.
Meine Oma zupft ein Banjo,
  meine Mutter hat 'ne Rassel.
Mein Opa und mein Papa
  spielen Cajón auf 'nem Karton.
Mein Bruder und ich trommeln
  mit Löffeln auf 'nem Topf.
Der Hund spielt dazu Saxofon,
  erhöht auf einem Blumenpott.
Wir alle tanzen Cha-Cha-Cha
  und danach barfuß Bus Stop:

Fünf, sechs, sieben, acht,
  rechts, links, vor, zurück,
Hacke, Spitze, hoch das Bein,
  schnipsen, springen, Doppel-Twist,
walzern, voguen, shaken, steppen,
  bounce den Kopf und hoch die Hände,
ringeln, stompen, sliden, clappen,
  Thrillerarme, Körperwelle.

Die Erde ist ein Club,
   wir tanzen mit jedem.
Heute ist der erste Tag
   vom Rest unseres Lebens.
Bei uns ist Musik drin
   und Konfettiregen.
Und falls jemand fragt:
   Das sind alles wir gewesen.

Und am Ende vom Film
   sieht man frohe Gesichter,
hört das Orchester,
   den Chor, sieht die Lichter.
Die Kerzen leuchten gold,
   alle freuen sich wie Kinder.
Es regnet Konfetti,
   Luftschlangen und Glitzer.

Alle Dinge, alle Menschen,
   waren nie zuvor so schön,
der Himmel nicht so blau,
   die Wiese nicht so grün.
Das war schon immer alles da,
   nur hab ich es nicht gesehen.
Doch ich werd mich –
   hoff ich, denk ich, sicher –
bald schon dran gewöhnen.

Alle meine Lieblingsmenschen
   haben sich an einen Tisch gesetzt.
Es riecht nach dem Grill,
   es klirrt das Besteck.
Und ganz genau jetzt,
   find ich euch alle perfekt.
Ihr seid alles, was ich brauche,
   mein Rainbow-Cake, mein Happy Place.

Und am Ende vom Film
   wird mir auf einmal klar:
Wenn das hier eine Feier ist,
   ist heute ja ein Feiertag.
Wir sind voller Ideen,
   wir müssen sie nur rauslassen.
Die Welt ist ein Präsent,
   wir müssen sie nur auspacken.

Jedes Ende ist ein Anfang,
    nach dem Film ist vor dem Film.
Ein Happy End ist ein Moment,
    ein Abspann auch ein Neubeginn.
Man sieht sich immer zweimal,
    wenn wir getrennte Wege gehen.
Und weil einmal ja keinmal ist,
    weiß ich, dass wir uns wiedersehen.

Und am Ende vom Film
    seh ich ein letztes Mal dich.
Ein Close-up auf die Augen
    im Scheinwerferlicht.
Und ich sag in die Kamera
    nah an meinem Gesicht:
»Wenn du irgendwo Konfetti siehst –
    bitte, Baby, denk an mich.«

Und am Ende vom Film
    kommt ein schöner Gesang.
Die Kamera fliegt über Berge und Land,
    Feuerwerk minutenlang.
Alle tanzen Hand in Hand.
Dann steht da *The End*,
    und danach folgt der Abspann.

OUTRO

Nur diesen Gedanken
    will ich dir noch hinterlassen:
Bleibst du bei dir selber,
    dann passieren die besten Sachen.
Lass dich überraschen,
    all die Wunder werden groß.
Das hier ist kein Ende,
    es geht gerade erst richtig los.

DANKE

Meiner Familie für alles, Justin, Mami, Papi, Ami und Api. Ich hab's gut – ich hab euch.

Meinen Freunden Berit, Nils, Vicky, Fredi und Zeena.

Meinem Verlag, Kerstin, Georg, Susa und dem Goldmann-Team.

Euch, die ihr mir schreibt, meine Gedanken lest und meine Auftritte besucht. Ihr gebt mir das Gefühl, dass ich nicht allein bin.

Dir dafür, dass du das hier gerade liest. Das ist wirklich schön. Ich wünsche dir alles Gute! Ab … jetzt!

NACHWEIS

Seite 18: Arctic Monkeys, »I Wanna Be Yours«. Domino Records, 2013.

Seite 19: *Notting Hill*. PolyGram Filmed Entertainment et al., 1999.

Seite 25: Lana Del Rey, »Summertime Sadness«. Interscope, Polydor, 2012.

Seite 36: *Die fabelhafte Welt der Amélie*. Claudie Ossard Productions et al., 2001.

Seite 44: J.D. Salinger. *Der Fänger im Roggen*. Köln: Kiepenheuer & Witsch, 1962.

Seite 69: Stephen Chbosky. *Vielleicht lieber morgen*. München: Heyne, 2001.

Seite 77: Twenty One Pilots, »Stressed Out«. Fueled by Ramen, 2015.

Seite 106: »Hey, Pippi Langstrumpf«. CBS, 1969.

INHALT

Intro   7
Liegst du niemals nachts wach?   9
Vorbelastet   14
Fiktive Romanze   15
Höhenangst   20
Grapefruit   22
Erwachsensein feat. Quarterlife-Crisis   27
So was wie Magie   34
Für meine Großeltern   37
Für meinen Bruder   39
Luna   45
Die Ballade vom König   51
Mit dir zu sprechen   63
Um drei am Eck   64
Angst vor Gefühlen   70
Selfie   72
Am Ende des Tages   76
Stressed Out   77
Meine Stimme   84
Fahrradreparatur   89
Für sie   92
Für ihn   95
Heimreise   98
Mein innerer Kosmos   100
Hundert große Kinder   104
Zuhause   108
Abspann   110
Outro   115

Julia Engelmann

Julia Engelmann wurde 1992 geboren und wuchs in Bremen auf. Seit einigen Jahren nimmt sie regelmäßig an Poetry Slams teil. Ein Video ihres Vortrags »One Day« beim Bielefelder Hörsaal-Slam wurde zum Überraschungshit im Netz und bisher millionenfach geklickt, gelikt und geteilt. Neben dem Slammen gilt ihre Leidenschaft der Musik und der Schauspielerei. Nach den Spiegel-Bestsellern »Eines Tages, Baby« und »Wir können alles sein, Baby« ist »Jetzt, Baby« Julia Engelmanns drittes Buch mit bewegenden poetischen Texten.
Weitere Informationen zur Autorin unter:
www.facebook.com/juliaengelmannofficial

Mehr von Julia Engelmann:

Eines Tages, Baby. Poetry-Slam-Texte
Wir können alles sein, Baby. Neue Poetry-Slam-Texte

(Alle auch als E-Book erhältlich)